CW01457677

Dieses Buch gehört:

_____

Inhaltsverzeichnis

Wir haben dich immer lieb!

Wusstest du, dass es etwas gibt, das immer da ist, so wie die Sterne am Himmel? Auch wenn du sie manchmal vielleicht nicht sehen kannst. Das ist die Liebe von Mama und Papa zu dir. Sie ist immer da, so stark, dass sie dich in allen Momenten deines Lebens begleitet – ob du lachst, wütend bist oder Kummer hast.

In diesem Buch findest du Geschichten von kleinen Tieren, die genau wie du manchmal wütend sind oder auch mal einen Fehler machen. Der kleine Bär Tim, Leni, das mutige Elefantenmädchen und all die anderen Freunde in diesen Geschichten zeigen dir, dass es völlig in Ordnung ist, du selbst zu sein. Jedes Abenteuer, jede kleine Herausforderung, jeder Sturm in deinem Bauch – sie sind alle willkommen. Denn so wie du bist, bist du wunderbar und einzigartig!

Und eines kannst du dir sicher sein: Mama und Papa lieben dich genau so, wie du bist. Denn für sie bist DU das Wertvollste auf der ganzen Welt.

Auch wenn du wütend bist

Es ist ein schöner, sonniger Morgen im Wald. Die Sonne scheint in die gemütliche Höhle von Familie Waschbär. Es duftet nach leckerem Frühstück. Mama Waschbär hat saftige Beeren in eine Schale gefüllt und Papa Waschbär ist schon unterwegs, um Holz für das Feuer zu holen.

„Mo, Frühstück!", ruft Mama Waschbär. Aber Mo, der kleine Waschbär, will nicht aufstehen. Er zieht die Decke über seinen Kopf und brummt: „Nein, ich will nicht!"

Mama Waschbär geht in sein Zimmer, setzt sich neben ihn. Sie streicht ihm über sein weiches Fell. „Guten Morgen, mein Schatz", sagt sie sanft. „Heute gibt es deine Lieblingsbeeren!"

Langsam krabbelt Mo aus seinem Bett und trottet zur Küche. Er setzt sich an den Tisch und sieht die Schale voller bunter Beeren. Doch als er die Schale nehmen will, passiert es: Die Schale rutscht aus seinen

Pfoten und – platsch! Die Beeren kullern über den ganzen Boden.

Mo schaut auf die Beeren und in seinem Bauch beginnt es zu brodeln. „Oh nein!" Er stampft mit seinen kleinen Pfoten auf den Boden. „Blöde Beeren!" Er spürt, wie die Wut in ihm größer wird und Tränen laufen über sein Gesicht.

Mama Waschbär kniet sich zu Mo und sagt ganz ruhig: „Oh Mo, das ist wirklich schade, dass die Beeren heruntergefallen sind. Manchmal passiert so etwas. Ich verstehe, dass du jetzt wütend bist."

Mos Herz klopft immer noch ganz schnell vor Wut. Er stampft wieder und schreit: „Alles ist doof!"

Papa Waschbär kommt gerade zur Tür herein und sagt: „Ach, kleiner Mo. Manchmal ist man so wütend, dass es sich anfühlt wie ein Sturm im Bauch, stimmt's?"

Mo nickt, während ihm immer noch Tränen über die Wangen laufen. „Ja, ich bin soooo wütend!"

Papa Waschbär legt seine große Pfote auf Mos Schulter. „Weißt du was? Es ist in Ordnung, wütend zu sein. Manchmal sind wir alle wütend." Er gibt ihm einen Kuss auf die Stirn und sagt: „Ich hab dich lieb."

Mo schnieft und schaut seine Eltern an. „Habt ihr mich wirklich lieb, auch wenn ich so doll wütend bin?"

Mama Waschbär lächelt ihn an. „Ja, mein Schatz, immer! Wir haben dich immer lieb, egal, ob du lachst, weinst oder wütend bist."

Papa Waschbär nickt. „Und wenn der Sturm in deinem Bauch vorbei ist, können wir die Beeren wieder aufheben. Wir helfen dir dabei."

Mo atmet tief ein und aus. Langsam wird der Sturm in seinem Bauch kleiner und kleiner, bis er fast verschwunden ist. Er schaut zu den Beeren auf dem Boden und dann zu Mama und Papa. „Okay", sagt er leise, „ich bin noch ein bisschen wütend, aber nicht mehr ganz so doll."

Zusammen sammeln sie die Beeren wieder ein und setzen sich an den Tisch. Mo fühlt sich wieder gut – mit Mama und Papa an seiner Seite, die ihn immer lieb haben, ganz egal, ob er wütend, fröhlich oder traurig ist.

Auch wenn du deinen eigenen Kopf hast

In der heißen Savanne brennt die Sonne vom Himmel. Es ist ein sehr heißer Nachmittag. Familie Elefant ruht sich im Schatten unter einem großen Baum aus. Mama und Papa Elefant genießen die Ruhe, während Leni, der kleine Elefant, ungeduldig mit den Füßen scharrt.

„Kann ich spielen gehen?", fragt Leni aufgeregt und zeigt mit ihrem kleinen Rüssel auf einen großen Hügel in der Ferne. Der Hügel sieht so spannend aus und Leni will unbedingt hinaufklettern.

Mama Elefant schaut besorgt in die Ferne. „Es ist zu heiß, um jetzt dorthin zu gehen. Warte, bis es kühler wird, dann gehen wir alle zusammen."

„Aber ich will jetzt klettern!", protestiert Leni und stampft mit ihren kleinen Füßen auf den Boden.

„Nein, Leni!", sagt Papa Elefant streng. „Bleib hier im Schatten."

14

Doch Leni hört nicht hin. Sie sieht nur den Hügel und denkt, sie kann das alleine schaffen. Ohne ein weiteres Wort rennt sie los, ihre kleinen Beine eilen über den heißen Boden.

„Leni, bleib hier!", rufen Mama und Papa Elefant ihr hinterher, aber Leni ist schon fast am Hügel angekommen.

Als sie den Hügel erreicht, beginnt sie zu klettern. Ihre Füße rutschen manchmal auf dem sandigen Boden aus, aber sie kämpft sich tapfer nach oben. Der heiße Sand brennt unter ihren Füßen, doch Leni will nicht aufgeben. Schließlich erreicht sie die Spitze des Hügels.

„Geschafft!", ruft sie stolz. Doch plötzlich beginnt ihr Kopf zu schmerzen. Die Sonne brennt stark. Es ist heißer, als sie gedacht hat.

Leni setzt sich auf den Boden. Ihr Kopf dreht sich und ihre Beine zittern. „Oh nein", flüstert sie und spürt, wie ihr die Tränen kommen. Sie weiß nicht, wie sie wieder runterkommen soll.

„Leni!", hört sie plötzlich jemanden rufen. Mama Elefant steht am Fuß des Hügels und schaut besorgt nach oben. Sie bemerkt, wie erschöpft Leni aussieht und ruft Papa Elefant. Gemeinsam helfen sie ihrem kleinen Trotzkopf vom Hügel herunter.

Mamas Stimme klingt jetzt streng. „Was hast du dir dabei gedacht? Wir haben dir doch gesagt, dass du nicht alleine auf den Hügel klettern sollst!"

Papa Elefant schaut Leni ernst an. „Du hättest dich verletzen können und wir haben uns große Sorgen gemacht! Du darfst nicht einfach weglaufen!"

Leni schaut mit großen, traurigen Augen zu ihren Eltern. „Es tut mir leid", flüstert sie. „Ich wollte nur klettern."

Mama Elefant seufzt und legt ihren Rüssel um Leni. Sie schaut ihr trauriges Kind an. Jetzt tut es ihr leid, dass sie so mit ihr geschimpft hat.

„Habt ihr mich noch lieb, obwohl ich nicht auf euch gehört habe?", fragt Leni mit leiser Stimme und Tränen in den Augen.

„Natürlich haben wir dich lieb, Leni." antwortet Papa Elefant mit ruhiger Stimme.

Mama Elefant nickt. „Wenn Eltern sich Sorgen machen, kann es sein, dass sie auch mal schimpfen. Aber wir haben dich immer lieb, auch wenn du deinen eigenen Kopf hast."

Zurück im Schatten schmiegt Leni sich an Mama und Papa Elefant und seufzt erleichtert. „Nächstes Mal höre ich auf euch", sagt sie leise.

„Das ist eine gute Idee", sagt Papa Elefant und küsst sie sanft auf die Stirn.

Auch wenn du schlecht gelaunt bist

Es ist ein warmer Tag am Teich. Die Sonne scheint und die Blumen blühen. Aber trotzdem hat die kleine Schildkröte Lea schlechte Laune. Sie sitzt auf ihrem Lieblingsstein und schaut mürrisch ins Wasser.

„Guten Morgen, Lea!", sagt Mama Schildkröte freundlich. „Möchtest du ein bisschen mit uns schwimmen? Es ist so ein schöner Tag!"

Lea schüttelt nur den Kopf und brummt: „Nein, ich will nicht."

Papa Schildkröte kommt dazu und bietet ihr etwas leckeres Seegras an. „Schau mal, Lea, dein Lieblingsessen!"

Lea sieht das Seegras kurz an, bevor sie wieder den Kopf schüttelt. „Ich hab keinen Hunger."

Mama und Papa Schildkröte sehen sich an und lächeln sanft. „Vielleicht möchtest du einfach ein bisschen Zeit für dich haben", sagt Mama leise. „Wir lassen dich mal in Ruhe."

Sie und Papa Schildkröte gehen zum Teich und lassen Lea allein. Doch statt sich besser zu fühlen, wird Lea noch trauriger. „Warum lassen sie mich einfach alleine?", fragt sie sich.

Gerade als ihr eine Träne über die Wange rollt, kommen Mama und Papa Schildkröte zurück. „Lea, was ist denn los?", fragt Mama sanft.

Lea schaut auf und schnieft leise. „Habt ihr mich nicht mehr lieb, weil ich so schlecht drauf bin?“, fragt sie mit zitternder Stimme.

Mama Schildkröte schaut erschrocken und zieht Lea sofort in ihre Arme. „Wie kommst du denn darauf? Natürlich haben wir dich lieb, mein Schatz – immer! Egal, ob du fröhlich bist oder mal schlechte Laune hast.“

„Ja, Lea“, sagt Papa Schildkröte beruhigend. „Manchmal fühlt man sich einfach nicht gut – und das ist in Ordnung.“

Lea blinzelt ihre Tränen weg und schaut ihre Eltern an. „Ich dachte, ihr wollt nichts mehr mit mir zu tun haben, weil ihr weggegangen seid.“

Mama lächelt und schüttelt den Kopf. „Wir dachten, vielleicht möchtest du lieber etwas alleine sein. Manchmal braucht man einfach ein bisschen Zeit für sich.“

Papa nickt. „Aber wir waren die ganze Zeit in der Nähe. Du bist nie allein, Lea, und wir sind immer für dich da.“

Langsam fühlt sich Lea besser. Die Sonne scheint warm auf ihren Panzer. Sie kuschelt sich an Mama und Papa Schildkröte und atmet tief ein. „Ich hab euch lieb“, murmelt sie leise.

„Wir haben dich auch lieb, Lea. Immer, egal was passiert“, sagt Mama.

Auch wenn du einen Fehler machst

Tim, der kleine Bär, spielt heute mit seinem besten Freund Felix, dem Fuchs. Sie werfen sich im Garten den Ball zu und lachen laut. „Aber passt auf, spielt nicht zu nah an Papas Werkstatt!", ruft Mama Bär ihnen hinterher. „Dort steht seine neue Holzfigur." Tims Papa ist Künstler und baut tolle Figuren aus Holz.

Tim nickt schnell, aber das Spiel wird immer wilder. Der Ball fliegt hin und her, und plötzlich schießt Tim ihn zu fest. Der Ball saust direkt in die Werkstatt und mit einem Krach trifft er Papas Holzskulptur. Die Figur, an der Papa wochenlang gearbeitet hat, kippt um und zerbricht in mehrere Teile.

Tim und Felix sind starr vor Schreck. „Oh nein!", flüstert Felix. „Was machen wir jetzt?"

Tim sieht die kaputte Skulptur und spürt, wie ihm heiß und kalt wird. „Vielleicht sagen wir einfach, dass wir es nicht waren", schlägt er vor. Die Angst, Ärger zu bekommen, lässt sein Herz schneller schlagen. Er weiß, dass sie dort nicht spielen sollten und jetzt ist Papas wertvolle Figur zerstört.

Felix nickt zögerlich. „Ja, vielleicht merken sie es nicht."

Tim spürt, wie das schlechte Gewissen an ihm nagt, doch er nickt trotzdem. „Ja … wir sagen einfach nichts." Sie schleichen sich schnell weg, als wäre nichts passiert.

Am Abend geht Papa Bär in die Werkstatt. Kurz darauf hören Tim und Felix, wie Papa laut ruft: „Was ist hier passiert? Meine Holzfigur! Sie ist kaputt!"

Tims Herz schlägt noch schneller. Er will am liebsten weglaufen, doch stattdessen bleibt er wie angewurzelt stehen. Mama Bär kommt zu ihm und sieht ihn an. „Tim, weißt du etwas darüber?"

Tim zögert. „Wenn ich es zugebe, bekomme ich bestimmt Ärger", denkt er. Also sagt er: „Nein." Aber als er hört, wie traurig Papa in der Werkstatt klingt, fühlt er einen tiefen Stich im Herzen. Papa hat sich so viel Mühe mit der Skulptur gegeben; jetzt ist sie kaputt – und er hat gelogen.

Langsam schleicht Tim zur Werkstatt und sieht Papa Bär, der betrübt vor den kaputten Teilen seiner Skulptur steht. „Das war so viel Arbeit", murmelt Papa leise. Als Tim das sieht, wird sein schlechtes Gewissen immer größer.

„Papa", sagt Tim schließlich mit zitternder Stimme, „es tut mir leid."

Papa dreht sich überrascht um. „Was?"

Tim atmet tief ein und beichtet: „Felix und ich haben mit dem Ball zu nah an der Werkstatt gespielt. Der Ball hat die Skulptur umgeworfen und sie ist kaputt gegangen. Es tut mir so leid! Und dann habe ich auch noch gelogen. Ich hatte Angst, dass ich Ärger bekomme."

Papa Bär sieht ihn eine lange Zeit schweigend an und Tim spürt, wie sein Magen sich verkrampft. Er weiß, dass er einen großen Fehler gemacht hat. Mama steht in der Tür und schaut Tim ernst an.

„Tim, ich bin enttäuscht, dass du nicht auf mich gehört hast", sagt sie. „Und dass du uns angelogen hast – das war nicht richtig."

Tim nickt und schaut zu Boden. Tränen schimmern in seinen Augen.

„Ich weiß … Es tut mir wirklich leid."

Papa Bär kniet sich zu ihm herunter. „Es ist nicht schön, dass du gelogen hast, Tim. Aber ich bin auch stolz auf dich, dass du am Ende doch die Wahrheit gesagt hast."

Er legt seine Pfote auf Tims Schulter. „Fehler passieren, das ist in Ordnung. Aber wichtig ist, dass du ehrlich bist und aus deinen Fehlern lernst."

Tim schnauft erleichtert, auch wenn er sich immer noch schämt. „Habt ihr mich trotzdem noch lieb?", fragt er leise.

Mama Bär zieht ihn sanft in ihre Arme. „Natürlich, mein Schatz. Wir haben dich immer lieb – auch wenn du einen Fehler machst."

Papa Bär lächelt und streichelt Tim über den Kopf. „Du hast die Wahrheit gesagt und das war mutig. Darauf kannst du stolz sein."

Papa sagt: „Weißt du, vielleicht können wir die Holzfigur zusammen reparieren. Möchtest du mir helfen?"

Tim strahlt und nickt. Gemeinsam fangen sie an, die kaputten Teile zu sortieren. Während sie arbeiten, fühlt sich Tim besser. Er weiß jetzt, dass seine Eltern ihn immer lieb haben, egal was passiert. Und er hat gelernt, dass Ehrlichkeit am Ende immer der richtige Weg ist.

Auch wenn wir es mal nicht so zeigen können

Es ist ein kühler Herbsttag im Wald. Die Blätter fallen sanft zu Boden. Die Eichhörnchenfamilie hat alle Pfoten voll zu tun, denn der Winter steht vor der Tür. Mama und Papa Eichhörnchen rennen hin und her und sammeln Nüsse, Eicheln und Samen. Fini, das jüngste Eichhörnchenkind, sitzt auf einem Ast und beobachtet sie. Eigentlich will sie auch helfen, aber jedes Mal, wenn sie versucht, etwas zu tun, bekommt sie nur ein kurzes „Nicht jetzt, Fini!" zu hören.

Fini seufzt. Sie fühlt sich überflüssig. „Mama, Papa, spielt ihr mit mir?", fragt sie leise. Doch niemand hat Zeit für sie. „Später, Fini!", ruft Papa Eichhörnchen, während er eilig eine große Ladung Eicheln einbuddelt. Auch Mama Eichhörnchen wirkt gestresst.

Fini sieht zu, wie ihre Eltern unermüdlich arbeiten. „Wieso haben sie nie Zeit für mich?", fragt sie sich leise. Ein kalter Windstoß weht durch den Wald und Fini zieht ihren Schwanz enger um sich. Sie fühlt sich plötzlich so allein. „Vielleicht haben sie mich nicht mehr lieb, weil ich nur störe", denkt sie traurig.

Später, als der Tag sich dem Ende neigt, sitzt die Familie Eichhörnchen erschöpft in ihrem Nest. Die Vorräte sind endlich sicher verstaut, doch Fini sitzt abseits, die Ohren hängen traurig herab. Mama Eichhörnchen merkt, dass etwas nicht stimmt. „Fini, mein Schatz, was ist los?", fragt sie besorgt und setzt sich zu ihr.

Fini zuckt mit den Schultern und murmelt: „Habe ich etwas falsch gemacht? Ihr habt den ganzen Tag keine Zeit für mich gehabt. Vielleicht habt ihr mich gar nicht mehr lieb."

Papa Eichhörnchen, der gerade zur Tür hereinkommt, bleibt erschrocken stehen. „Oh nein, Fini!", ruft er und setzt sich neben sie. „Wir haben dich immer lieb! Manchmal sind Mama und ich so mit der Arbeit beschäftigt, dass wir vergessen, dir zu zeigen, wie sehr wir dich lieben. Aber das ist unser Fehler, nicht deiner. Du hast nichts falsch gemacht!"

Mama Eichhörnchen schaut Fini liebevoll an: „Es stimmt, wir haben dich nicht genug beachtet heute. Das tut uns leid. Im Moment haben wir viel zu tun, damit es uns im Winter gut geht. Aber weißt du was? Möchtest du uns morgen helfen? Dann haben wir viel Zeit zusammen und wir können jede Hilfe gebrauchen."

Fini wischt sich die Tränen weg. „Ja, ich würde sehr gerne mithelfen!", ruft sie freudig. „Ich hab euch auch lieb!"

Fini fällt ein riesiger Stein vom Herzen. Jetzt weiß sie, dass ihre Eltern sie immer lieben, selbst wenn sie manchmal nicht so viel Zeit für sie haben.

Besonders, wenn du einfach DU bist!

Zum Schluss möchten wir dir noch sagen: Bei uns darfst du immer genau so sein, wie du bist. Mit deinen lustigen Gedanken, deinen tollen Ideen und allen Gefühlen, die du in dir trägst. Die Geschichten von Mo, Leni, Tim, Fini und Lea zeigen dir, dass es vollkommen in Ordnung ist, mal wütend oder schlecht gelaunt zu sein – all das gehört zu dir. Und weißt du was? Wir lieben dich genau so, egal, was ist – und freuen uns darüber, dass du einfach DU bist!

Und auch wenn Mama und Papa gerade viel zu tun haben oder dir ihre Liebe manchmal nicht so deutlich zeigen können, darfst du wissen: Wir lieben dich trotzdem, immer und an jedem Tag!

Anhang

Hörbuch

Tipps für Eltern: Rituale und Mantras

Es ist wichtig, Kindern bedingungslose Liebe zu zeigen, besonders in herausfordernden Momenten. Rituale und Mantras können dabei helfen, diese Liebe im Alltag immer wieder bewusst zu machen und dem Kind Sicherheit zu geben.

Morgendliches Mantra: Beginnen Sie den Tag mit einem einfachen Satz wie: „Wir lieben dich, genau so, wie du bist!" Dies gibt dem Kind das Gefühl, akzeptiert und geliebt zu sein, noch bevor der Tag überhaupt richtig beginnt.

Abendritual: Ein schöner Weg, den Tag gemeinsam mit Ihrem Kind abzuschließen, ist ein Abendritual, bei dem Sie zusammen den Tag Revue passieren lassen. Stellen Sie dabei Fragen wie: Was war heute schön? Was war weniger schön? Wie hast du dich dabei gefühlt? Was hast du dann gemacht? Durch solche Gespräche wird Ihr

Kind angeregt, über seine Gefühle nachzudenken und sie offen auszudrücken. Dabei lernt es, dass es in jeder Situation, unabhängig von den eigenen Emotionen, auf Ihre Unterstützung und Liebe zählen kann. Dieses Ritual schafft nicht nur Vertrauen, sondern auch emotionale Geborgenheit und stärkt die Bindung zwischen Ihnen und Ihrem Kind.

Fehler anerkennen und verzeihen: Kinder machen Fehler, genauso wie wir, aber wie wir darauf reagieren, prägt ihr Selbstbild. Sagen Sie nach einem Fehler: „Fehler passieren und das ist in Ordnung. Wir lernen daraus. Wir haben dich immer lieb, auch wenn du Fehler machst.“

Emotionen ansprechen: Wenn Ihr Kind wütend, traurig oder frustriert ist, ist es wichtig, ihm zu vermitteln, dass all diese Gefühle in Ordnung sind. Sie könnten sagen: „Es ist völlig normal, wütend zu sein. Niemand kann immer fröhlich sein – und das ist okay. Wir lieben dich genau so, auch wenn du wütend bist.“ Dadurch zeigen Sie, dass alle Emotionen ihren Platz haben und akzeptiert werden. Doch manchmal bedarf es gar keiner Worte – Ihre bloße Anwesenheit reicht aus, damit Ihr Kind spürt, dass es immer zu Ihnen kommen kann. Indem Sie die Gefühle Ihres Kindes anerkennen und ihm Raum geben, diese zu äußern, lernt es, dass es sich auf Sie verlassen kann und sich jederzeit so zeigen darf, wie es sich fühlt. Dies fördert nicht nur emotionales Vertrauen, sondern auch das Bewusstsein, dass Liebe bedingungslos ist.

Mantra für schwierige Momente: Ein wiederkehrendes Mantra, wie „Wir haben dich immer lieb, egal was passiert", kann helfen, dem Kind in stressigen oder emotionalen Situationen Sicherheit zu geben.

Kartenset: Liebesbotschaften

Du möchtest die süßen Karten verschenken?

Scanne den QR-Code und drucke die Karten nach Herzenslust aus –
für dich, für andere, für alle, die ein Lächeln brauchen.

46

„Du bist gut so wie du bist."

„Schön,
dass es dich gibt."

50

„Wir haben dich immer lieb."

„Egal, wie der Tag läuft,

——————— ♥ ———————

du machst ihn immer besser,
nur durch dein Lächeln."

54

„Wir lieben dich nicht für das, was du tust, sondern für das, was du bist."

„Du bist wertvoll!"

„Unsere Liebe für dich
kennt keine Grenzen."

60

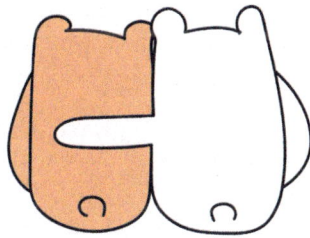

„Wir lieben dich mehr,
als Worte sagen können!"

„Du bist unser
größtes Geschenk."

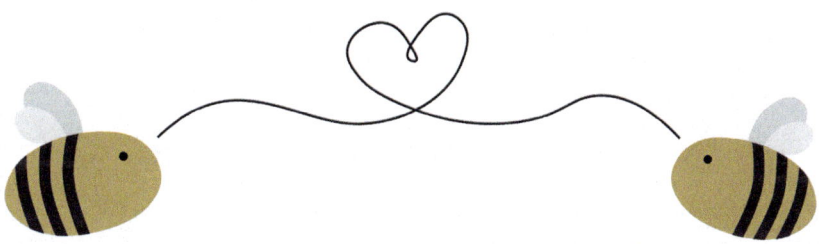

„Wir sind immer für dich da."

„Für uns bist du das Wertvollste auf der Welt."

Widmung

Dieses Buch widme ich dir, Nick, meinem Sohn. Durch dich habe ich erfahren, was bedingungslose Liebe bedeutet und ich versuche jeden Tag, dir das Gefühl zu geben, dass du genau so, wie du bist, geliebt wirst. Herausforderungen sind Teil unseres Weges und ich danke dir dafür, dass ich dich auf deinem Weg begleiten darf. Mama und Papa sind immer für dich da. Wir lieben dich aus tiefstem Herzen.

Buchempfehlungen

Über 100 Spiele und Übungen

Inkl. Audios und Videos

Über die Autorin

Sandra Cichon ist Studienrätin der Sonderpädagogik mit den Förderschwerpunkten Sprache und Lernen und dem Fach Deutsch. Gearbeitet hat sie an inklusiven Grund- und Förderschulen mit dem Förderschwerpunkt Sprache. Der Schwerpunkt ihrer Arbeit lag auf der Begutachtung der sprachlichen und kognitiven Fähigkeiten von Kindern im Vorschulalter sowie der Sprachförderung.

Ihre Erfahrung und ihr Wissen im Bereich der Sprachförderung und der emotionalen Entwicklung von Kindern verpackt sie in kindgerechte Bücher mit viel Mehrwert für die Kinder, die Eltern und jede Person, die die Entwicklung des Kindes fördern möchte.
Hier teilt Sandra Cichon wertvolle Tipps rund um die Sprachförderung und Einblicke in ihre Bücher:

@SPRACHFOERDERUNG_KINDERBUECHER

Impressum

© 2024 Sandra Cichon
Alle Rechte vorbehalten

Herausgeber: RBM Publishing
Autor: Sandra Cichon

Umschlaggestaltung und Buchsatz:
Daniela Patricia Brenner von deincoverdesign
Lektorat: Katrin Niedermann
Kontakt: Belinda Derflinger, Auergütlweg 10,
4030 Linz, rbm.publishing@gmx.at

ISBN: 978-3-903505-69-8 (Taschenbuch)

Das Werk, einschließlich seiner Teile, ist urheberrechtlich geschützt. Jede Verwendung ist ohne Zustimmung des Herausgebers unzulässig. Dies gilt insbesondere für die elektronische oder sonstige Vervielfältigung, Übersetzung, Verbreitung und öffentliche Zugänglichmachung.

Haftungsausschluss

Die Umsetzung aller enthaltenen Informationen, Anleitungen und Strategien dieses Buchs erfolgt auf eigenes Risiko. Für etwaige Schäden jeglicher Art kann der Autor aus keinem Rechtsgrund eine Haftung übernehmen. Für Schäden materieller oder ideeller Art, die durch die Nutzung oder Nichtnutzung der Informationen bzw. durch die Nutzung fehlerhafter und/oder unvollständiger Informationen verursacht wurden, sind Haftungsansprüche gegen den Autor grundsätzlich ausgeschlossen. Ausgeschlossen sind daher auch jegliche Rechts- und Schadensersatzansprüche. Dieses Werk wurde mit größter Sorgfalt nach bestem Wissen und Gewissen erarbeitet und niedergeschrieben. Für die Aktualität, Vollständigkeit und Qualität der Informationen übernimmt der Autor jedoch keinerlei Gewähr. Auch können Druckfehler und Falschinformationen nicht vollständig ausgeschlossen werden. Für fehlerhafte Angaben vom Autor kann keine juristische Verantwortung sowie Haftung in irgendeiner Form übernommen werden.

Urheberrecht

Alle Inhalte dieses Werkes sowie Informationen, Strategien und Tipps sind urheberrechtlich geschützt. Alle Rechte sind vorbehalten. Jeglicher Nachdruck oder jegliche Reproduktion – auch nur auszugsweise – in irgendeiner Form wie Fotokopie oder ähnlichen Verfahren, Einspeicherung, Verarbeitung, Vervielfältigung und Verbreitung mit Hilfe von elektronischen Systemen jeglicher Art (gesamt oder nur auszugsweise) ist ohne ausdrückliche schriftliche Genehmigung des Autors strengstens untersagt. Alle Übersetzungsrechte vorbehalten. Die Inhalte dürfen keinesfalls veröffentlicht werden. Bei Missachtung behält sich der Autor rechtliche Schritte vor.

Gewinne tolle Kinderbücher!

Jeden Monat neu!

Melde dich jetzt für unseren

Newsletter

an und entdecke eine Welt voller Abenteuer, Magie und Spaß für deine Kinder!

Zusätzlich erhältst du regelmäßig exklusive Updates, Gratis-Materialien und spannende Überraschungen!

Printed in Dunstable, United Kingdom

63476137R00045